Arena-Taschenbuch
Band 1291

Ellen Schöler

Das kleine Weihnachtsbuch

Lieder, Gedichte und Geschichten
zur Advents- und Weihnachtszeit

Mit Illustrationen
von Herbert Lentz

Arena

CIP-Kurztitelaufnahme der Deutschen Bibliothek

Das kleine Weihnachtsbuch:
Lieder, Gedichte u. Geschichten zur Advents- u. Weihnachtszeit / Ellen Schöl
4. Aufl. als Orig.-Ausg., 40.–47. Tsd. – Würzburg: Arena, 1982.
(Arena-Taschenbuch; Bd. 1291: Weihnachtsbuch)
ISBN 3-401-01291-6
NE: Schöler, Ellen [Hrsg.]; GT

4. Auflage als Originalausgabe im Arena-Taschenbuchprogramm 1982
40.-47. Tausend

Umschlaggestaltung und Illustrationen: Herbert Lentz
Gesamtherstellung: Richterdruck Würzburg
ISBN 3-401-01291-6

Inhalt

Lieder

Gedichte

Geschichten

Tannengeflüster

Wenn die ersten Fröste knistern,
in dem Wald bei Bayrisch-Moos,
geht ein Wispern und ein Flüstern
in den Tannenbäumen los,
ein Gekicher und Gesumm
ringsherum.

Eine Tanne lernt Gedichte,
eine Lärche hört ihr zu.
Eine dicke, alte Fichte
sagt verdrießlich: „Gebt doch Ruh!“
Kerzenlicht und Weihnachtszeit
sind noch weit!

Vierundzwanzig lange Tage
wird gekräuselt und gestutzt
und das Wäldchen ohne Frage
wunderhübsch herausgeputzt.
Wer noch fragt: Wieso? Warum? –
der ist dumm.

Was das Flüstern hier bedeutet,
weiß man selbst im Spatzennest:
Jeder Tannenbaum bereitet
sich nun vor aufs Weihnachtsfest,
denn ein Weihnachtsbaum zu sein:
das ist fein!

James Krüss

Dezember

Es kommt eine Zeit,
da wird es still.
Da gehn die Lichter auf,
da kommt ein Wind,
ruft nach dem Fährmann.

Der träumt den Traum
vom goldnen Schiff.
Das Schiff hat eine
große Fahrt bei Nacht.

Es geht von Haus zu Haus.
Es fährt die Straßen auf und ab.
Es kommt durch alle Länder.
Es kommt durch alle Stuben.

Da bleibt ein goldner Schein zurück.

Elisabeth Borchers

Laßt uns froh und munter sein

Dann stell' ich den Teller auf,
Niklaus legt gewiß was drauf,
lustig, lustig, trallerallera,
bald ist Nikolausabend da!

Wenn ich schlaf', dann träume ich,
jetzt bringt Niklaus was für mich.
Lustig, lustig, trallerallera,
nun war Nikolausabend da!

Wenn ich aufgestanden bin,
lauf' ich schnell zum Teller hin.
Lustig, lustig, trallerallera,
nun war Nikolausabend da!

NIKOLAUS

Holler, boller, Rumpelsack

Holler, boller, Rumpelsack,
Niklas trug sein Huckepack,
Weihnachtsnüsse, gelb und braun,
runzlich, punzlich anzuschaun.

Knackt die Schale, springt der Kern,
Weihnachtsnüsse eß ich gern.
Komm bald wieder in mein Haus,
alter guter Nikolaus.

Albert Sergel

Vor Weihnachten

Heimliche Zeit,
wenn es draußen friert und schneit
und der Christ ist nicht weit!

Wie's tuschelt in den entferntesten Ecken,
kichert und lacht!
Überall Bepacktsein, Verstecken;
Vorfreude: wie anderen Freude man macht!
Hoffen und Wünschen webt feiernd durchs Zimmer:
Ein Heinzelmannwirken im Lampenschimmer.

Mich deucht, ich sah einen güldenen Schein:
Guckt da nicht Sankt Niklas zum Fenster herein?
Glocken erklingen in weiter Ferne.
Bratäpfelduft aus dem Ofen quoll.

Am nachtklaren Himmel schimmern die Sterne
verheißungsvoll
und schauen das Treiben und freuen sich mit
bei der eilenden Menschen frohklingendem Schritt.
Friedvolles Hasten weit und breit:
Weihnacht ist nahe! O heimliche Zeit!

Albert Sergel

Leise rieselt der Schnee

In den Herzen ist's warm,
still schweigt Kummer und Harm,
Sorge des Lebens verhallt,
freue dich, s' Christkind kommt bald!

Bald ist heilige Nacht,
Chor der Engel erwacht;
horch nur, wie lieblich es schallt,
freue dich, s' Christkind kommt bald!

Der kleine Nimmersatt

Ich wünsche mir ein Schaukelpferd,
'ne Festung und Soldaten
und eine Rüstung und ein Schwert,
wie sie die Ritter hatten.

Drei Märchenbücher wünsch' ich mir
und Farbe auch zum Malen
und Bilderbogen und Papier
und Gold- und Silberschalen.

Ein Domino, ein Lottospiel,
ein Kasperletheater,
auch einen neuen Pinselstiel
vergiß nicht, lieber Vater!

Ein Zelt und sechs Kanonen dann
und einen neuen Wagen
und ein Geschirr mit Schellen dran,
beim Pferdespiel zu tragen.

Ein Perspektiv, ein Zootrop,
'ne magische Laterne,
ein Brennglas, ein Kaleidoskop –
dies alles hätt' ich gerne.

Mir fehlt – ihr wißt es sicherlich –
gar sehr ein neuer Schlitten,
und auch um Schlittschuh' möchte ich
noch ganz besonders bitten.

Um weiße Tiere auch von Holz
und farbige von Pappe,
um einen Helm mit Federn stolz
und eine Flechtemappe.

Auch einen großen Tannenbaum,
dran hundert Lichter glänzen,
mit Marzipan und Zuckerschaum
und Schokoladenkränzen.

Doch dünkt dies alles euch zuviel,
und wollt ihr daraus wählen,
so könnte wohl der Pinselstiel
und auch die Mappe fehlen.

Als Hänschen so gesprochen hat,
sieht man die Eltern lachen:
„Was willst du, kleiner Nimmersatt,
mit all den vielen Sachen?

Wer so viel wünscht" – der Vater spricht's –,
„bekommt auch nicht ein Achtel –
der kriegt ein ganz klein wenig Nichts
in einer Dreierschachtel."

Heinrich Seidel

Alle Jahre wieder

Kehrt mit seinem Segen ein in jedes Haus,
geht auf allen Wegen mit uns ein und aus.

Ist auch mir zur Seite, still und unerkannt,
daß es treu mich leite an der lieben Hand.

Knecht Ruprecht

Von drauß' vom Walde komm' ich her;
ich muß euch sagen, es weihnachtet sehr!
Allüberall auf den Tannenspitzen
sah ich goldene Lichtlein sitzen;
und droben aus dem Himmelstor
sah mit großen Augen das Christkind hervor.
Und wie ich so strolcht' durch den finstern Tann,
da rief's mich mit heller Stimme an:
„Knecht Ruprecht", rief es, „alter Gesell,
hebe die Beine und spute dich schnell!
Die Kerzen fangen zu brennen an,
das Himmelstor ist aufgetan,
Alt' und Junge sollen nun
von der Jagd des Lebens einmal ruhn;
und morgen flieg' ich hinab zur Erden,
denn es soll wieder Weihnachten werden!"
Ich sprach: „O lieber Herre Christ,
meine Reise fast zu Ende ist;
ich soll nur noch in diese Stadt,
wo's eitel gute Kinder hat."
„Hast denn das Säcklein auch bei dir?"
Ich sprach: „Das Säcklein, das ist hier;
denn Apfel, Nuß und Mandelkern
essen fromme Kinder gern."
„Hast denn die Rute auch bei dir?"
Ich sprach: „Die Rute, die ist hier;
doch für die Kinder nur, die schlechten,
die trifft sie auf den Teil, den rechten."
Christkindlein sprach: „So ist es recht;
so geh mit Gott, mein treuer Knecht!"

Von drauß' vom Walde komm' ich her;
ich muß euch sagen, es weihnachtet sehr!
Nun sprecht, wie ich's hierinnen find'!
Sind's gute Kind', sind's böse Kind'?

Theodor Storm

Kling, Glöckchen, kling

Kling, Glöckchen, klingelingeling!
Kling, Glöckchen, kling!
Mädchen, hört und Bübchen,
macht mir auf das Stübchen!
Bring' euch viele Gaben,
sollt euch dran erlaben!
Kling, Glöckchen, klingelingeling!
Kling, Glöckchen, kling!

Kling, Glöckchen, klingelingeling!
Kling, Glöckchen, kling!
Hell erglühn die Kerzen,
öffnet mir die Herzen!

Will drin wohnen fröhlich,
frommes Kind, wie selig!
Kling, Glöckchen, klingelingeling!
Kling, Glöckchen, kling!

Vom Christkind

Denkt euch – ich habe das Christkind gesehn!
  Es kam aus dem Walde, das Mützchen voll Schnee,
mit gefrorenem Näschen.
  Die kleinen Hände taten ihm weh;
denn es trug einen Sack, der war gar schwer,
  schleppte und polterte hinter ihm her –
Was drinn' war, möchtet ihr wissen?
  Ihr Naseweise, ihr Schelmenpack –
meint ihr, er wäre offen, der Sack?
  Zugebunden bis oben hin!
Doch war gewiß was Schönes drin:
  es roch so nach Äpfeln und Nüssen!

Anna Ritter

Morgen, Kinder, wird's was geben

Wie wird dann die Stube glänzen
von der großen Lichterzahl,
schöner als bei frohen Tänzen
ein geputzter Kronensaal!
Wißt ihr noch vom vor'gen Jahr,
wie's am Heiligen Abend war?

Zu Bethlehem, da ruht ein Kind

Zu Bethlehem, da ruht ein Kind,
im Kripplein eng und klein,
das Kindlein ist ein Gotteskind,
nennt Erd' und Himmel sein.

Zu Bethlehem, da liegt im Stall
bei Ochs und Eselein,
der Herr, der schuf das Weltenall,
als Jesukindchen klein.

Von seinem gold'nen Thron herab
bringt's Gnad' und Herrlichkeit,
bringt jedem eine gute Gab',
die ihm das Herz erfreut.

Der bunte Baum, vom Licht erhellt,
der freuet uns gar sehr,
ach, wie so arm die weite Welt,
wenn's Jesukind nicht wär'!

Das schenkt uns Licht und Lieb' und Lust
in froher heil'ger Nacht.
Das hat, als es nichts mehr gewußt,
sich selbst uns dargebracht.

O wenn wir einst im Himmel sind,
den lieben Englein nah,
dann singen wir dem Jesuskind
das wahre Gloria.

Annette v. Droste-Hülshoff

Friede auf Erden

Claudia und Klaus waren mit den Eltern erst vor einigen Tagen in das neue schöne Haus eingezogen. Als sie sich vom Keller bis zum Speicher mit allen Räumen und Winkeln vertraut gemacht hatten, fanden sie, es wäre nun die allerhöchste Zeit, sich mit dem Weihnachtsgeschenk für die Eltern zu befassen. Sie schenkten immer etwas zusammen. Wahrscheinlich taten sie das, weil sie Zwillinge waren. Sie sahen einander zwar sehr ähnlich, aber man konnte sie doch ausgezeichnet unterscheiden, denn Claudia, die Dia genannt wurde und die ältere war, hatte vierzehn Sommersprossen auf ihrer kurzen, breiten Nase und Klaus nur elf. Und in letzter Zeit lispelte Klaus ein wenig, weil er sich mit der Schaukel einen Vorderzahn ausgestoßen hatte.

Dia und Klaus saßen also einander gegenüber an ihren Schreibpulten, die Hände aufgestützt, und berieten:

„Waf meinft du?“ fragte Klaus jetzt schon zum zigsten Male.

Dia zuckte die Achseln. „Mir fällt und fällt

nichts ein. Und zum Schluß wird's wieder damit enden, daß Mami Pralinen bekommt und Papi Zigaretten."

„Und dann fagt die Tante Beate", brummte Klaus, „die Kinder haben überhaupt keine Phantafie."

Aber der rettende Einfall kam, als sie am Sonntag beim Mittagessen saßen und der Vater sich in dem großen Zimmer behaglich und zufrieden umsah: „Hier ist alles wirklich tipptopp, alles steht an Ort und Stelle, da, wo es sein soll. Schön. Nur da drüben, die Wand über der Sitzecke, die ist noch so blank und weiß, da muß noch was hin, irgendein gutes Bild. Na, damit werden wir uns nach dem Fest befassen. Jetzt ist in den Geschäften ein solches Gedränge, das ist nicht das richtige."

Klaus und Dia stießen einander mit den Ellbogen an.

„Na!" sagte die Mutter warnend, weil sie dachte, die beiden wollten anfangen zu streiten.

Aber Klaus erklärte freundlich: „If nichtf, ich wollte die Dia blof an waf erinnern."

„Um so besser."

Und nun begann ein geheimnisvolles Planen.

Am Tag vor dem Heiligen Abend – denn eher konnten sie an ihr großes Werk nicht herangehen – gingen die Zwillinge zur Mutter und verkündeten: „Wir brauchen den ganzen Tag das Weihnachtszimmer."
„Was heißt das?" sagte die Mutter. „Ihr wißt doch, wir schließen morgen früh die Tür zu. Vater putzt heute abend den Baum, dann legen wir schon die Geschenke auf den Tisch und schließen ab. Essen gibt's dann in der Küche. Das wißt ihr doch, das war immer so und ist auch im neuen Haus nicht anders."
„Nein, das ist unmöglich!" Dia sah ihre Mutter sehr fest an, weil sie meinte, das würde ihr Anliegen noch unterstützen. „Wir versprechen euch, daß wir uns die Geschenke nicht ansehen. Du kannst ja den Tisch mit Seidenpapier abdecken. Aber das muß sein."
„Daf hängt mit unferm Gefenk fufammen", sagte Klaus.
„Und ihr dürft dann nicht hinein, erst wenn die Bescherung ist und wir alle ins Zimmer gehen."
Die Mutter überlegte. Schließlich gab sie nach: „Gut, ich werde die Geschenke zudecken. Morgen ist Weihnachten, da kann ich mich ja

auf euch verlassen. Was habt ihr denn so Großes vor?“

„Wir verraten nichts. Unser Geschenk dürft ihr erst am Heiligen Abend sehen, genau wie wir.“

Am nächsten Morgen waren die beiden schon um sieben Uhr auf. Sie rutschten ungeduldig auf ihren Stühlen während des Frühstücks und zogen dann mit geheimnisvollen Büchsen und einem großen Paket Zeitungspapier beladen ins Zimmer. Dia steckte noch einmal den Kopf zur Tür heraus und vergewisserte sich:

„Also hier kommt jetzt keiner mehr rein!“

„Das wäre gefährlich!“ rief Klaus aus dem Hintergrund.

Die Mutter lachte: „Ihr könnt euch auf uns verlassen!“

Und nun begannen die beiden im Zimmer zu werken. Sie rückten die Sitzmöbel beiseite, belegten den Teppichboden mit Zeitungspapier, und dann machten sie ihre Büchsen mit den Fingerfarben auf.

„Also, in die Mitte“, sagte Klaus, „der Tannenbaum, den mach’ ich, und du kannst die Lichter drauf machen.“

„Gut“, sagte Dia, „und ich male das Haus.“

Fride auf Erd

Sie tauchte den Finger in braune Farbe und zog einen breiten Strich auf der weißen Wand. Das war der erste Holzbalken des Hauses. Es war nicht einfach, was sie sich da vorgenommen hatten. Manchmal arbeiteten sie auf Stühlen stehend, und Klaus waren die Arme lahm, weil er sich so ausrecken mußte, damit der Baum auch ganz bestimmt noch größer wurde als die wirkliche Tanne in der Zimmerecke. Der Baum bekam rote, grüne und blaue Kerzen, und die Flämmchen, die sein Brennen anzeigten, die hatte Dia ganz besonders schön gemacht. Sie war es auch, die auf die Idee mit dem Spruchband gekommen war, allerdings hatte sie sich dabei verschrieben, da stand nämlich „Fride auf Erden!“, aber das bemerkten sie in ihrem Eifer gar nicht. Sie wischten sich den Schweiß von der Stirn und bekamen davon ganz bunte Gesichter. Nach einer Pause malte Dia noch wunderbare Gardinen an die Fenster, und Klaus, der besonders gut Figuren konnte, malte auf den Balkon Papi, Mami, Dia und sich selbst. Darunter schrieb er: „Eine frohe Familie.“ Sie konnten sich nicht sattsehen an dem Bild, sie knipsten das Licht an, und bei Beleuchtung fanden sie das Ganze noch viel schöner. Ja, und dann fingen sie an aufzuräumen, legten das Papier zusammen, schoben ächzend die Stühle und Sessel wieder an ihren Platz und schielten ab und zu auf den Tisch, der mit rotem Seidenpapier zugedeckt war. Dann machten sie sich heimlich davon und schlichen die Treppe hinauf ins Badezimmer, denn – weiß Gott – sie hatten es nötig, sich zu säubern. Ein Klecks blieb in Dias blonden Haaren kleben, und die Fingernägel hatten sie alle beide bunt gerändert, aber das fiel nur auf, wenn man ganz genau hinsah.

Als alle in der Küche noch schnell eine Kleinigkeit aßen, sagte die Mutter zum Vater: „Nun sieh dir bloß an, die beiden glänzen wie Diamanten."

„Ja", lachte der Vater, „die haben sich geschrubbt. Na ja, das erste Weihnachten im neuen Haus, das ist keine Kleinigkeit."

Dann war es Zeit zur Bescherung. Der Vater ging voraus und zündete die Wachskerzen an, und die Mutter nahm in aller Eile das Seidenpapier von dem Tisch. Nach der Sitzecke am andern Ende des Zimmers sahen sie sich dabei gar nicht um. Und da marschierten auch schon, nachdem die Mutter ein Glöckchen geschwungen hatte, strahlend die Kinder ins Zimmer, stellten sich rechts und links von der Sitzecke auf und fingen mit ihren grellen Stimmen an, ein Weihnachtslied zu singen. Erst jetzt wandten sich die Augen der Eltern dem wunderbaren Bild zu, und das war ja auch der Grund gewesen, weshalb die Zwillinge sich dorthin gestellt hatten.

Der Vater lief rot an, und die Kinder dachten: „Der freut sich aber!“ Er hatte den Mund halb geöffnet, aber er unterdrückte einen Ausruf, solange die Kinder noch sangen, und die Mutter, die sich neben ihn gestellt hatte, sah ebenso sprachlos wie er auf die buntbemalte Wand. Im selben Augenblick aber, als das Lied zu Ende war, platzte es aus dem Vater heraus: „Verschwindet, aber rasch! Weihnachten hin – Weihnachten her – das ist denn doch zuviel!“

Die Zwillinge sahen jetzt ebenso fassungslos aus wie vorher die Eltern. Was war denn mit Papi los? Der war ja böse!

Aber als ihnen dann die Tränen in die Augen kamen, ging die Mutter zu dem Bild hin und fuhr mit dem Finger unter den Zeilen der Schrift entlang. Der Vater las, fing an zu lachen, lief aus dem Zimmer, kam mit einem Farbtopf wieder und malte über das „Fride" ein großes „e".

Mutter zog Dia und Klaus zum Gabentisch, blinzelte dem Vater zu und meinte vergnügt: „Die erste große Überraschung im neuen Haus! Das habt ihr euch wunderbar ausgedacht!"

Nun stürzten sich die Zwillinge auf die Geschenke, während die Eltern sich leise miteinander unterhielten. Als sie sich dann alle zum feierlichen Weihnachtsessen setzten, sagte Papi: „Wißt ihr beiden, Mami und ich haben uns etwas überlegt. Das ist ja viel zu schön, das Bild da an der Wand, und es würde doch irgendwie verstauben, weil man die Wand nicht verglasen kann, die Scheibe müßte viel zu groß sein. Da habe ich eine gute Idee. Ich fotografiere euer Bild, mache ein Farbfoto, und dann lassen wir es vergrößern. Dann bleibt uns das schöne Bild für immer. Und hier – na, da lassen wir frisch tapezieren und hängen dann irgendwas Nettes hin."

Damit waren Klaus und Dia sehr zufrieden, denn es lag ihnen immer sehr daran, etwas zu schenken, was bleibt.

Vor dem Einschlafen allerdings fragte Klaus Dia mißtrauisch: „Ob unfer Gefenk vielleicht doch nicht daf Richtige war? Warum war Papi blof erft fo böfe?“

„Mami hat mal gesagt, wir dürfen nur im Kinderzimmer an die Wand malen“, überlegte Dia.

„Aber daf war doch ganf waf anderef!“ rief Klaus empört.

„War's ja auch“, gab Dia zu, „hat Papi ja auch gleich gemerkt.“

„Und über daf ‚Friede auf Erden!‘, da haben Papi und Mami fich mächtig gefreut!“ sagte Klaus ganz langsam, denn er war schon im Begriff einzuschlafen.

Am Weihnachtsbaum die Lichter brennen

Die Kinder stehn mit hellen Blicken,
das Auge lacht, es lacht das Herz,
o fröhlich', seliges Entzücken,
die Alten schauen himmelwärts.

Zwei Engel sind hereingetreten,
kein Auge hat sie kommen sehn,
sie gehn zum Weihnachtsbaum und beten
und wenden wieder sich und gehn.

Kein Ohr hat ihren Spruch vernommen,
unsichtbar jedes Menschen Blick
sind sie gegangen, wie gekommen,
doch Gottes Segen bleibt zurück!

Der Weihnachtskarpfen

Jens hätte am liebsten vor Freude geschrien, als er die Straße entlangstapfte, seinen Schlitten hinter sich herziehend. Es schneite, was es nur konnte, er sah kaum etwas, sogar auf seinen Augenwimpern hatte er Schnee. Gerade ging ein Mann an ihm vorbei: „Sauwetter!" schimpfte er. Da konnte sich Jens nicht helfen, er lachte ganz laut. Sauwetter? Dieser wunderbare Schnee und dazu Ferien! Jens stand jetzt vor der Gartentür des Hauses, in dem er wohnte. Auf dem Balkon sah er den großen Weihnachtsbaum, den Großvater aus seinem eigenen Wald mitgebracht hatte. Morgen war es so weit, dann stand er im Zimmer.

Jens ging durch den Vorgarten und klingelte an der Haustür, aber niemand machte auf. Also holte er den Schlüssel heraus, den er immer um den Hals gehängt hatte, schloß die Tür auf, ließ den Schlitten auf den Stufen draußen stehen und ging hinein. Er hatte natürlich nicht darauf geachtet, daß noch viel Schnee an seinen Schuhen war, und sah schuldbewußt, wie die weißen Häufchen in der Diele zu häßlich grauen Pfützen wurden. Er guckte in die Küche, wahrscheinlich war die Mutter beim Backen. Nichts – alles leer, alles sauber, alles blank. Dann guckte er ins Wohnzimmer, ob dort vielleicht die Großeltern waren. Nichts. Na ja, vielleicht waren sie alle miteinander oben und bestaunten die kleine Schwester. Er fand sie auch nett, aber so viel Wirbel brauchten sie um dieses kleine Ding, das die meiste Zeit entweder schlief oder brüllte, wirklich nicht zu machen. Doch die großen Leute waren nun mal komisch. Aha, von oben hörte er Stimmengemurmel. Also lief er die Treppe hinauf ins Kinderzimmer. Nichts. Das Kind lag in seinem Bettchen, es schnarchte ein bißchen. Es roch nach frischer Wäsche und Puder. Wo konnten nur alle sein? Jetzt hörte er begeisterte Ausrufe, die schienen aus dem Badezimmer zu kommen. Richtig – die Tür zum Badezimmer war nur angelehnt, und da standen doch tatsächlich Vater, Mutter, die Großeltern und Tante Mi über die Badewanne gebeugt. „So einen großen Kerl“, sagte Vater, „haben wir bis jetzt noch nie gehabt.“ „Wir sind auch genug Leute dazu“, meinte der Großvater.

Jens quetschte sich zwischen Mutter und Vater durch, und dann sah er etwas – so etwas hatte er bisher noch nie gesehen: In der Badewanne schwamm nämlich ein großer, dicker goldener Fisch mit schwarzroten Augen.
„Mann“, rief Jens, „der geht aber nicht ins Aquarium!“
Da fingen alle an zu lachen. Jens ärgerte sich. So dumm war doch das nicht, was er gesagt hatte. Außerdem würde dieser Riesenfisch bestimmt alle kleinen Fische auffressen, vor allem die jungen Gupis, die so winzig waren.
„Junge“, sagte der Vater, „der kommt doch nicht ins Aquarium. Das ist unser dicker Weihnachtskarpfen. Den werden wir morgen abend essen.“ Und er leckte sich mit der Zunge über die Lippen.
Jens war so entsetzt, daß er gar nichts sagen konnte. Ein wenig tröstete es ihn, daß Tante Mi sagte, wahrscheinlich werde sie nichts davon essen: „Fisch ist nicht mein Fall.“
Die Großmutter bat die Mutter: „Du mußt mir eine Schuppe geben, die tu ich in meine Geldbörse. Es ist zwar ein Aberglaube, wenn man sagt, daß man dann das ganze Jahr viel Geld hat, aber vielleicht ist doch was dran.“

„Ich denk' dran", versprach Mutter lachend. „Na, wie war's draußen?" wandte sie sich an Jens. „Hast du dir die Schuhe abgetreten?"
Jens antwortete nicht. Er hatte wirklich nicht gehört, was Mutter eben gesagt hatte. Er sah sich nur diesen Fisch an, und jetzt meinte er, der Fisch sah auch ihn an.
„Wir haben ihn eben geholt", sagte Mutter zur Großmutter.
„Auf dem Markt?"
„Nein", sagte der Vater, „Weihnachtskarpfen, die muß man sich direkt frisch von der Quelle holen. Wir waren zusammen an dem Karpfenteich, dort verkaufen sie die Prachtkerle."
Die Gesellschaft brach auf und schlich sich jetzt auf Zehenspitzen ins Kinderzimmer. Jens, der zurückblieb, wußte, diesmal würden sie nicht laut, sondern leise redend um das Bett herumstehen und sich so benehmen, als ob das Baby auch so ein Ausstellungsstück wäre wie der Karpfen.
Jens faßte mit der Hand ins Wasser, machte ein paar Wellen, und der Fisch schnellte unruhig in der Wanne hin und her, die ihm zu eng war. „Schlimm", dachte Jens, „daß Fische

nicht reden können." Und nun sprach er dem Karpfen gut zu: „Mach dir keine Sorgen, es wird ja nicht so schlimm werden!" Pferde, Hunde, Katzen verstanden, was ein Mensch sagte. Warum sollte es nicht auch ein Karpfen können? Natürlich kam der nur selten in menschliche Gesellschaft, und wenn, dann nur unter sehr traurigen Umständen. Jens griff nochmals mit der Hand ins Wasser, wedelte ein bißchen hin und her, und der Fisch schnellte erschrocken zur Seite. „Na", sagte Jens begütigend, „wo ich es doch so gut mit dir meine. Sei froh, daß du nicht auf dem Trockenen bist. Wie es weitergeht – darum werde ich mich kümmern."

Abends im Bett überlegte Jens lange, was zu tun sei. Dann hatte er endlich den rettenden Gedanken und schlief zufrieden ein.

Am nächsten Morgen wunderte sich die Mutter, daß Jens so früh zum Frühstück erschien und nur ein altbackenes Brötchen hinunterschlang, weil es noch keine frischen gab. Jens erklärte, er wolle ganz schnell auf den Pulverberg rodeln gehen, bevor allzu viele Kinder dort waren.

Der Mutter war's recht, dann war der Junge

ihr wenigstens bei den letzten Weihnachtsvorbereitungen nicht im Wege. „Vergiß die Handschuhe nicht“, rief sie ihm nach, als er schon draußen geräuschvoll seinen Schlitten nahm. „Nein, nein“, rief Jens von der Haustür zurück, lief in die Garage, wo er den Schlitten versteckte, und schlich sich dann wieder zurück ins Haus. Die Mutter war weiter in der Küche beschäftigt, die andern schliefen noch, der Vater auch, denn der arbeitete heute den ganzen Tag nicht mehr. Heimlich holte Jens aus der Besenkammer einen Plastikeimer und schlich sich dann ins Bad hinauf. Es war gar nicht einfach, den Fisch in den Eimer zu bekommen, aber dann war er doch drin und gut mit Wasser bedeckt. Jens lief vorsichtshalber auf Strümpfen die Treppe hinunter und zog sich erst draußen die Stiefel über. Jetzt schnell durchs Vorgärtchen und – husch – war er weg. Dann ging er in Richtung Karpfenteich. Jens mußte langsam gehen, damit das Wasser nicht aus dem Eimer schwappte, und ein paarmal mußte er absetzen, weil der Eimer mit dem Fisch so schwer war. Glücklicherweise beachteten ihn die Leute kaum, weil sie es alle eilig hatten. Nur ein Mann sah in den Eimer und

staunte: „Oh, das ist vielleicht ein Weihnachtskarpfen! Wo hast du den denn her?“
Jens tat, als ob er ihn gar nicht verstanden hätte, und lief weiter.
„So was“, der Mann schüttelte den Kopf, „wie die Kinder heutzutage unhöflich sind!“
Jens schwitzte, als er beim Karpfenteich ankam. Er stellte den Eimer oben an den Straßenrand und rutschte vorsichtig, sich an Sträuchern festhaltend, zum Ufer hinunter. Der Teich war zugefroren, aber die Eisschicht war nicht dick, wie ein feiner, glatter Spiegel. Jens suchte sich einen großen Stein, schleppte ihn nahe ans Ufer und warf ihn auf die Eisfläche, die sofort splitternd auseinanderbrach. Zufrieden betrachtete Jens das Loch, es war groß genug für den Karpfen. Er kletterte zurück zur Straße, nahm den Eimer mit dem Fisch, und nun mußte er sehr, sehr vorsichtig sein, damit er nicht abrutschte und mitsamt Eimer und Karpfen in den Teich fiel. Endlich stand er aufatmend am Rand des Teiches. Er kippte den Eimer, und – wie ein goldener Blitz verschwand der Karpfen im Loch.
„Frohes Fest!“ rief Jens ihm nach. Er hatte das Gefühl, als wäre ihm ein ganz großer Stein

vom Herzen gefallen. Auf dem Heimweg pfiff er, so schön er konnte, Weihnachtslieder vor sich hin. Zu Hause holte er den Schlitten aus der Garage, beschmierte die Kufen ein bißchen mit Schnee und stellte ihn dann mit Gepolter im Vorhäuschen hin. Gerade fuhr der

Vater mit dem Wagen vor – ein Glück, daß er Jens nicht mehr in der Garage erwischt hatte! Im Hause roch es nach Zimt und heißem Gebäck. Tante Mi hatte es wieder einmal mit dem Schwesterchen. Sie trug es auf dem Arm und ließ sich von ihm an den Haaren reißen. Jens hätte nicht wissen mögen, was sie getan hätte, wenn er sie an den Haaren gerissen hätte. Na ja, wenn's ihr Spaß machte!

Gerade als der Tisch fürs Mittagessen gedeckt wurde, geschah, was Jens schon mit Bangen erwartet hatte. Mit einem erstaunten Ausruf kam der Vater die Treppe heruntergepoltert und fragte die Mutter: „Hast du dich tatsächlich an das große Schlachtfest gewagt? Das wollte ich dir doch abnehmen!“

„Wieso?“ fragte die Mutter. „Der Karpfen schwimmt doch noch quicklebendig in der Wanne.“

„Nein, der ist nicht mehr oben“, sagte der Vater, und nun rannten alle zusammen, als glaubten sie ihm nicht, nach oben, Tante Mi mit dem Schwesterchen auf dem Arm, und dann standen sie vor der leeren Wanne, redeten alle durcheinander, und das Schwesterchen brüllte.

Erst als sich der erste Sturm gelegt hatte, ging Jens langsam nach. „Da hat doch sicher wieder jemand die Haustür aufgelassen“, sagte der Vater ärgerlich, „ich habe schon so oft gesagt, die Haustür muß verschlossen bleiben. Es gibt immer irgendwelche Leute, die mit unguten Gedanken in ein Haus gehen, um zu holen, was sie kriegen könnten. Jetzt war's natürlich unser Weihnachtskarpfen.“
„Der Karpfen ist nicht gestohlen worden“, sagte da eine kleine, aber tapfere Stimme von der Tür her, „den hab' ich wieder in seinen Teich zurückgebracht.“ Alle hatten bis jetzt in die Wanne geschaut, jetzt drehten sie sich um, und fünf Augenpaare waren auf ihn gerichtet, ja, Jens hatte das Gefühl, sogar das Schwesterchen starrte ihn an wie etwas, was man noch nie vorher gesehen hatte. Jens war sehr blaß, aber er redete tapfer weiter: „Es paßt doch nicht zu Weihnachten, daß ihr den ermordet hättet.“ Er sagte „ermordet“ und meinte es auch wirklich. „Weihnachten sollen sich doch alle freuen, nicht nur die Menschen. Ich hab' ihm auch noch frohes Fest gewünscht, als ich ihn wieder ins Wasser geschmissen habe.“
Vater sah aus, als würde er gleich losdonnern,

aber Großvater räusperte sich – war es möglich, daß er ein bißchen lachte? Und jetzt holte Vater tief Luft und sagte nur: „Na ja, dann gibt es eben Bratwürstchen, dagegen wirst du wohl nichts einzuwenden haben."

„Bestimmt nicht!" Jens war es ganz leicht zumute. Und in Gedanken sah er noch einmal den Karpfen wie einen goldenen Blitz im Wasser verschwinden.

Vom Himmel hoch, da komm' ich her

Euch ist ein Kindlein heut geborn
von einer Jungfrau auserkorn,
ein Kindelein so zart und fein,
das soll euer Freud und Wonne sein.

Es ist der Herr Christ, unser Gott,
der will euch führen aus aller Not.
Er will euer Heiland selber sein,
von allen Sünden machen rein.

Weihnachtsbescherung

Die Tür eines großen Hauses wurde geöffnet, und heraus stürzte eine Schar Kinder. Sie schrien, lachten und schwatzten in fremden Sprachen; alle trugen Pakete unter dem Arm oder einen Korb in der Hand; denn sie kamen von einer Weihnachtsbescherung für Ausländerkinder. Hinter ihnen tauchten die Erwachsenen auf, die sie wie Hühner zu Trüppchen zusammentrieben. Zuletzt kam ein rundköpfiger dunkelhaariger Junge heraus, der zwei Mädchen fest an den Händen führte. Es war Giorgio, ein Sizilianer. Die Mutter hatte ihm aufgetragen, auf die kleinen Schwestern Gina und Pia gut aufzupassen. Giorgio wartete, bis die Menge sich aufgelöst hatte, dann sagte er zu den Schwestern:

„Wir laufen noch durch die Stadt und schauen uns die Schaufenster an. Da gibt es schöne Weihnachtsausstellungen." Er sprach italienisch, aber das Wort „Weihnachtsausstellungen" sagte er deutsch. Pia, die kleinere der Schwestern, fragte: „W-ai-nachtähn – was ist das?"

„Da waren wir eben drin“, erklärte Gina.
Giorgio schüttelte den Kopf. „Ihr seid aber dumm. Das war eine Weihnachtsbescherung. Weihnachten, das ist überall, und das wißt ihr auch, das ist das Fest der Geburt Christi.“
„Ah, so“, sagten die beiden und trabten an seiner Hand durch die mit Tannengirlanden geschmückten Straßen. Sie blieben vor jedem Schaufenster stehen und drückten ihre Nasen ganz dicht an die Scheiben, um zu sehen, was da alles gezeigt wurde. Um den Genuß noch zu erhöhen, nahm Pia aus ihrem Korb ein Stück Kuchen und biß hinein. Dann streckte sie ihre Hand aus und deutete auf einen roten Mantel im Fenster: „Möcht' ich haben“, sagte sie, und auf rote Stiefel und eine Tasche hinweisend, „und das und das.“
„Du willst auch alles“, meinte Giorgio.
In einem Schaufenster stand ein großer Nikolaus, der einen Schlitten voller Geschenkpakete zog. „Der fährt zu den Kindern“, sagte Pia.
„Zu Kindern mit Eltern, die viel Geld haben“, belehrte sie Giorgio, der wußte, wie es in der Welt zugeht. „Nicht alle Kinder können was kriegen.“

„Aber ich“, sagte Pia und sah in ihren Korb, „ich habe schon Geschenke.“
Gina beschloß: „Wenn ich groß bin, gehe ich arbeiten, und dann kaufe ich mir, was ich will.“
„Kommt, wir müssen weiter“, drängte Giorgio. Sie waren jetzt auf einem Platz vor einer Kirche. „Da gehen wir noch rein.“ Giorgio zerrte die beiden eilig die Treppen hinauf, stemmte seine Hand gegen den metallenen Türgriff, der eiskalt war, und schob die Schwestern durch einen Türspalt hinein in die Kirche.
„Och“, flüsterte Pia, „hier ist's aber dunkel.“
„Dort hinten brennt ein Licht“, sagte Gina, und die Kinder gingen neugierig darauf zu, ihre Schritte klapperten auf den Steinfliesen. Über einem riesengroßen Tannenbaum warf eine Lampe einen matten Schein auf eine hölzerne Futterkrippe. In der Krippe lag auf Stroh ein Kind. Es hatte nicht mehr an als ein weißes Leinenhemdchen und schien zu schlafen, Beine, Händchen und Arme waren bloß: „Oh“, sagte Gina mit tiefer Stimme, „es muß frieren!“ In ihrem Herzen regte sich eine liebevolle Sorge um das Kind, das so bloß im Stroh lag. Mit einem plötzlichen Entschluß zerrte

sie den neuen bunten Schal von ihrem Hals und legte ihn vorsichtig über die kleinen Füße. Pia sah nachdenklich das angebissene Stück Kuchen an, das sie wieder in den Korb getan hatte, nahm es und legte es mit in die Krippe und sagte dazu: „W-ai-nachtsbeschährung."
Giorgio zog aus seiner Manteltasche die Blockflöte, auf der er bei der Bescherung gespielt hatte, setzte sie an den Mund und spielte ein Lied, das sie zur Weihnachtszeit in dem sizilianischen Dorf zu Hause sangen. Gina fing zu singen an, und die kleine Pia zirpte die Melodie mit, ganz hoch und zwitschernd; daß sie die Worte nicht kannte, das machte nichts, es klang sehr schön. Sie konnten selbst nicht genug davon bekommen und wiederholten eine Strophe um die andere und wunderten sich gar nicht darüber, daß das Kind ruhig weiterschlief. Da hörten sie die Turmuhr schlagen, und Giorgio sagte:
„Wir müssen nach Hause, bevor es dunkel wird." Sie warfen noch einmal einen Blick auf die Krippe mit dem Kind, dann drehten sie sich um und gingen, diesmal auf Zehenspitzen, wieder zu der großen Tür und drückten sich durch einen Spalt hinaus. Dann liefen sie durch

die schon dunkelwerdenden Straßen nach Hause in die Barackensiedlung.

In der engen Wohnung, wo ihre Mama und der Papa schon auf sie warteten, setzten sich die Kinder zu den Eltern an den Tisch. Sie erzählten von der Weihnachtsbescherung und von ihrem Besuch in der Kirche. Und dann sagte Gina nachdenklich:

„Warum ist nur das Christkind immer noch so arm?"

Die Mutter sagte: „Das Christkind ist nicht arm, es ist der Herr der Welt. Es wollte es nur nicht besser haben als die armen Menschen in der Welt, als es in Bethlehem geboren wurde."

„Es fror", sagten Pia und Gina gleichzeitig, „es fror und war ein richtiges Kind."

„Ach, die Mädchen sind ja dumm, in der Kirche, das war doch nicht lebendig", meinte Giorgio verächtlich.

„Nein, nein, sie haben schon recht", sagte die Mutter und strich den beiden Mädchen über die Köpfe. „Das Christkind muß bei uns immer lebendig sein. Bethlehem ist überall."

Ihr Kinderlein, kommet

O seht in der Krippe im nächtlichen Stall,
seht hier bei des Lichtes hellglänzendem Strahl
in reinlichen Windeln das himmlische Kind,
viel schöner und holder, als Engel es sind.

Da liegt es, ihr Kinder, auf Heu und auf Stroh,
Maria und Josef betrachten es froh;
die redlichen Hirten knien betend davor,
hoch oben schwebt jubelnd der Engelein Chor.

O beugt, wie die Hirten, anbetend die Knie,
erhebet die Händlein und danket wie sie!
Stimmt freudig, ihr Kinder, – wer wollt' sich nicht freu
stimmt freudig zum Jubel der Engel mit ein!

Es ist ein Ros' entsprungen

Das Röslein, das ich meine,
davon Isaias sagt:
Maria ist's, die Reine,
die uns das Blümlein bracht'.
Aus Gottes ew'gem Rat
hat sie ein Kind geboren
und blieb doch reine Magd.

Zweimal Weihnachten

So ein Regenwetter ausgerechnet am Weihnachtsabend! Der Polizist, der in dem stillen Wohnviertel seinen Dienst versah, schüttelte sich und sah auf die Uhr, ob sein Dienst bald zu Ende war. Nur noch eine Stunde. Es war überhaupt nichts los – oder doch? Er kniff die Augen zusammen: Da kam eine kleine Gestalt, ein kleiner Junge war es in einem Mantel, der unordentlich geknöpft war. Auf dem Kopf hatte er nichts, und sein dunkles Haar glänzte vom Regen wie ein Otterfell. Jetzt blieb er vor einem Haus stehen und schaute zu einem Fenster hinauf, hinter dem die Kerzen eines großen Christbaums brannten. Der Junge steuerte auf die Haustür zu, stellte sich auf die Zehenspitzen und reckte die Arme aus, um die Klingel zu erreichen, aber vergeblich. Der Polizist kam dazu und sagte:

„Soll ich dir helfen, Kleiner? Du wohnst doch sicher hier."

„Nein", antwortete der Junge sehr laut. „Wohnen tu ich hier nicht, aber drin ist Weihnachten, da muß ich rein."

„Dacht' ich mir's doch", überlegte der Polizist. „Da stimmt was nicht." – „Komm mal her", sagte er, „wo wohnst du denn?"
Der Junge machte eine unbestimmte Handbewegung. „Bei der Tante Mückenhausen, aber das ist nicht mein richtiges Zuhause. Zu Hause – da muß ich mit der Eisenbahn fahren."
„Und deine Eltern?" fragte der Polizist.
„Die sind im Krankenhaus und ganz in weißes Zeug eingepackt. Jetzt geht's ihnen schon wieder gut, und sie kommen bald nach Hause."
„Aha", dachte der Polizist, „Autounfall." – „Und wo wohnt das Fräulein Mückenhausen?"
„Weiß ich nicht genau", sagte der Junge.
„Na ja, dann komm mal mit."
„Aber ich will doch da rein, da ist doch Weihnachten!"
„Weihnachten kannst du da, wo ich dich hinbringe, auch haben", versprach der Polizist.
Darauf hin schob der Junge sofort seine Hand in die ausgestreckte des Polizisten und trabte fröhlich durch den klatschenden Regen mit ihm fort. „Du bist'n Polizist", sagte er, „mit

dir darf ich mitgehen, du bist kein fremder Mann."

Es war nicht weit zu dem Wachraum. Dort war es hell und behaglich. Die zwei andern Polizisten, die dort Dienst hatten, lachten: „Was bringst du uns denn da für ein Weihnachtsgeschenk mit?"

„Das ist der – ja, richtig", sagte der Polizist, „ich weiß noch gar nicht, wie du heißt?"

„Mecki", sagte der Junge schnell.

„Mecki ist'n Name für einen Igel", meinte der eine Polizist, der einen dicken Bauch und einen hängenden grauen Schnurrbart hatte.

„Das Fräulein Mückenhausen sagt Michael", erklärte der Junge, „aber früher, als ich noch nicht richtig reden konnte, da hab' ich Mecki gesagt, und da sagen sie zu Hause auch Mecki zu mir."

„Und wie heißt du weiter?"

„Müller."

Der Polizist, der ihn mitgebracht hatte, seufzte. „In unserm Viertel alleine gibt's zweihundert Müllers, das wird 'ne Arbeit. Ach ja, du wohnst gar nicht hier, na, da müssen wir unter Mückenhausen suchen, das geht schon eher. Aber vorher ziehen wir dir erst mal den Man-

tel aus und setzen dich zur Heizung. Und außerdem –" Er verständigte sich leise mit seinen Kollegen, und die nickten.
„Du hast mir Weihnachten versprochen", sagte Mecki ärgerlich.
„Gibt's bei dir zu Hause, ich meine bei dem Fräulein Mückenhausen, gar keine Bescherung?"
„Nein", sagte Mecki. „Die Tante Mückenhausen hat Koffer gepackt und gesagt, bei ihr gibt's kein Weihnachten, wir verreisen."
„Na, dann mach mal die Augen zu."
Es dauerte gar nicht lange, dann hieß es dreistimmig: „Augen auf!"
Und da staunte Mecki. Die Deckenbeleuchtung war ausgeschaltet, auf dem Tisch stand ein Strauß mit Tannenzweigen, die von einer Taschenlampe angestrahlt wurden, und unter den Tannenzweigen waren drei blankpolierte rote Äpfel und ein Teller mit Weihnachtsstollen. Mecki riß die Augen weit auf und strahlte, und die drei Männer lachten. „Das ist Weihnachten", sagte Mecki zufrieden, rutschte von seinem Stuhl herunter, ging auf den Tisch zu, schnappte sich einen Apfel und biß hinein, daß es krachte.

Die Polizisten berieten miteinander, und dann sagte der erste: „Jetzt müssen wir doch einmal nachsehen, wo wir dieses Fräulein Mückenhausen . . .“
Da schrillte das Telefon.
„Hier Polizeistation“, meldete sich der Polizist mit dem Schnurrbart. „Ja – jawohl – da machen Sie sich nur keine Sorgen. Der kleine Mann ist schon hier und gut bei uns aufgehoben. Wo wohnen Sie denn? Ach, in der Sebaldusstraße. Wir bringen ihn gleich hinüber.“
Die beiden restlichen Äpfel und der Kuchen wurden rasch in eine Tüte gesteckt, und es gab ein großes Abschiednehmen. Inzwischen hatte es glücklicherweise aufgehört zu regnen. Der kleine Mecki trabte zufrieden mit seinem Betreuer davon. Es war nicht weit zur Sebaldusstraße, und dort stand in der offenen Haustür schon das Fräulein Mückenhausen.
„Sie ist schon alt“, hatte Mecki unterwegs erzählt, und der Polizist mußte dann sehr lachen, als er sie sah; denn sie war jung, blond und freundlich und nahm Mecki sofort in die Arme:
„Gott sei Dank, daß du da bist. Was ist dir eigentlich eingefallen davonzulaufen?“

„Ich will doch nicht verreisen, ich will doch ein richtiges Weihnachten“, sagte Mecki. „Aber das ist ja eben die große Weihnachtsüberraschung für dich, wir fahren nach Hause! Deine Eltern sind wieder ganz gesund.“

Mecki faßte sich fest an der Nase, ob er auch bestimmt nicht träumte, und dann schrie er begeistert: „Zwei richtige Weihnachten! Zwei ganz richtige Weihnachten!“

Kommet, ihr Hirten

Lasset uns sehen in Bethlehems Stall,
was uns verheißen der himmlische Schall!
Was wir dort finden, lasset uns künden,
lasset uns preisen in frommen Weisen.
Alleluja!

Wahrlich, die Engel verkündigen heut'
Bethlehems Hirtenvolk gar große Freud':
Nun soll es werden Friede auf Erden,
den Menschen allen ein Wohlgefallen.
Ehre sei Gott!

O Tannenbaum, o Tannenbaum

O Tannenbaum, o Tannenbaum,
du kannst mir sehr gefallen!
Wie oft hat nicht zur Weihnachtszeit
ein Baum von dir mich hoch erfreut!
O Tannenbaum, o Tannenbaum,
du kannst mir sehr gefallen!

O Tannenbaum, o Tannenbaum,
dein Kleid will mich was lehren:
Die Hoffnung und Beständigkeit
gibt Trost und Kraft zu jeder Zeit.
O Tannenbaum, o Tannenbaum,
dein Kleid will mich was lehren.

Heiligabend in Tirol

Es macht doch bestimmt Spaß, in einem Zug im Schlafabteil zu liegen, im oberen Bett, das erst über eine kleine Eisenleiter erklettert werden muß. Trotzdem lag die kleine Monika dort oben ganz zusammengekrümmt vor Kummer und heulte. Sie fand alles zu traurig. Sie mochte an den Heiligen Abend, der ganz nahe war, gar nicht denken: Weihnachten in einem Gasthaus, ohne Baum, ohne Gabentisch, und Feiertage ohne Sabine! Sie hatte sich alles so schön ausgemalt: zu Hause auf dem Gabentisch die neue Skiausrüstung und am nächsten Tag mit Sabine, ihrer besten Freundin, zum Skikurs, ganz in der Nähe von Zuhause, so daß sie jeden Abend zurückkommen konnten. Und wie war es nun geworden? Statt auf dem Gabentisch lagen die Skier neu und glänzend im Gepäcknetz, und im Koffer verpackt waren Anzug und Stiefel. Drei Urlaubswochen mit den Eltern in den Bergen hatte sie vor sich, drei Wochen ohne Sabine, und morgen, Heiligabend in einem Gasthaus!

Diese Gedanken drehten sich wie ein Rad in

Monikas Kopf herum, und davon wurde sie nun doch müde und schlief ein. Sie wachte erst auf, als es höchste Zeit war, sich fertigzumachen. Noch ganz verschlafen trottete sie hinter den Eltern her zum Bahnhofsgebäude. Davor stand ein großer Mann in einer Lederjoppe. Er kam auf sie zu:
„Florianshof? Ich bin der Purkhamer."
„Ja, zum Florianshof wollen wir", sagte der Vater. „Fein, Herr Purkhamer, daß Sie uns abholen!"
„So gehört sich's", war die Antwort.
Ein großer Pferdeschlitten erwartete sie. Davor stand in roten Gummistiefeln, ganz eingewickelt in einen grünen Wollschal, ein kleines Mädchen mit schwarzem Pferdeschwanz und einer Ponyfranse, die bis auf die kleine breite Nase reichte. Sie hatte schwarze funkelnde Augen, und ihre Stimme klang, als ob ein junger Hahn krähte:
„Ich bin das Moidele", sagte sie zu Monika. „Zu Haus sind wir noch mehr; da ist die Katharina, aber die ist schon zu alt, und dann sind da die Buben, der Lois und der Florian. Zu zweit werden wir mit denen schon fertig."
Sie nahm Monikas Hand und schüttelte sie

kräftig. „Komm, wir gehn zusammen unter eine Decke, da ist's warm im Schlitten." Sie zerrte Monika, die noch ganz taumelig war, in den Schlitten. Die Eltern setzten sich gegenüber. Das Moidele stopfte eine Decke, die ein wenig nach Stall roch, um Monika, Herr Purkhamer setzte sich auf den Bock, und ab sauste der Schlitten. Monika blinzelte aus verschlafenen Augen auf das Moidele. Nein, sie hatte sich fest vorgenommen, sich in diesem abscheulichen Urlaub mit keinem andern Kind einzulassen – aber gefallen tat ihr das Moidele schon . . .

Das Haus, vor dem der Schlitten dann nach einer halbstündigen Fahrt hielt, war sehr schön, ein großer Bauernhof, blitzblank und neu. Es dauerte nicht lange, da lag Monika in einem Zimmer mit holzgetäfelter Decke in einem buntgeblümt bezogenen Bett und schlief noch eine Handvoll weiter, wie Frau Purkhamer freundlich gesagt hatte.

Als Monika ausgeschlafen hatte, machten die Eltern mit ihr einen langen Spaziergang durch den Schnee. Monika sah zum erstenmal die hohen Berge, vor denen sie fast ein wenig erschrak. Das Moidele tauchte den ganzen Tag

über nicht auf. Nur den Florian und den Lois sah Monika kurz im Hof, wie sie sich mit Schneebällen bewarfen, und „die zu alte Katharina“ – sie war dreizehn und baumlang – half beim Bedienen der Gäste.
Beim Abendessen, das recht eilig war und gar nicht festlich, bekam Monika wieder einen Kloß in die Kehle. Aber da trat gerade Herr Purkhamer in die Mitte des Saals und sagte: „Bitte die Herrschaften einmal herzuhören. Wollen Sie jetzt bitte den Saal räumen. Wir möchten das Weihnachtsfest vorbereiten und laden Sie herzlich ein, wenn Sie an diesem Fest teilnehmen wollen, sich um acht Uhr hier wieder einzufinden.“
„Na?“ flüsterte die Mutter und blinzelte Monika zu. „Was sagst du nun? Jetzt bekommst du doch noch eine Weihnachtsüberraschung.“
Als sich um acht Uhr die Gäste festlich gekleidet im Saal versammelten, war alles völlig verändert. Man hatte die Tische zu einer langen Tafel zusammengerückt, die weiß gedeckt war. Alle Stühle standen nur an der einen Seite der Tischreihe, von wo aus man auf die große, schöngewachsene Tanne sehen konnte, die mit nichts anderem geschmückt war als mit

weißen Kerzen. Weiße Kerzen standen auch auf der Tafel, vor jedem Platz eine. Alle Gäste setzten sich erwartungsvoll hin.
Nach fünf Minuten kam die Familie Purkhamer herein, voran Katharina, die eine brennende Kerze trug. Die Lampen wurden ausgeschaltet. Katharina stellte sich vor den Baum und sagte vier Verse auf, jeder Vers galt einem der vergangenen Adventsonntage, und bei jedem Vers zündete Herr Purkhamer mit der Kerze ein Licht am Baum an und danach alle anderen im Raum. Nun strahlte der Saal im Kerzenglanz, und Herr Purkhamer setzte sich zum Tisch. Frau Purkhamer legte eine Bibel vor ihn hin, und er las die Weihnachtsgeschichte langsam und ein wenig schwerfällig und unterstrich mit dem Zeigefinger die Zeilen, die er gerade las. Monika war es, als hörte sie die Geschichte der Heiligen Nacht zum erstenmal, es kam ihr fast so vor, als stünden sie alle im Stall vor der Krippe mit dem göttlichen Kind. Herr Purkhamer hatte die Lesung kaum beendet, da stimmte das Moidele mit seiner krähenden Stimme ein Weihnachtslied an, Lois und Florian setzten ihre Blockflöten an den Mund und begannen zu spielen, und

langsam, einer nach dem andern, fingen die Gäste an mitzusingen.

Als das Lied zu Ende war, stellte sich Frau Purkhamer vor den Baum und sagte nach ein paar herzlichen Begrüßungsworten: „Und so wünsche ich den lieben Gästen vom Florianshof ein gesegnetes, gnadenreiches Christfest!“

Das Moidele und die Katharina machten einen Knicks dazu, während der Lois und der Florian ihre Verbeugung vergaßen und sich nur verlegen ihre schwarzhaarigen Köpfe kratzten. Später bot dann Herr Purkhamer allen, die Lust hatten, an, mit zur Christmette ins Dorf zu fahren.

Als man vom Dorf her die Glocken läuten hörte, standen vier Pferdeschlitten vor der Tür. Das Moidele kam in seinen roten Gummistiefeln auf Monika zu, nahm sie an der Hand und sagte, ohne sie überhaupt nach ihrer eigenen Meinung zu fragen: „Du fahrst mit uns. Wir fahren im Kinderschlitten.“ Da waren die Buben, Katharina und drei Kinder, die zu den Gästen gehörten und noch ein bißchen verlegen und wortkarg waren, so wie Monika auch. Kaum waren sie aber im Schlitten, da schwatzten sie alle durcheinander. Sie fuhren

über den knirschenden Schnee durch die sternklare Nacht. Das Moidele puffte Monika in die Seite und fragte: „No, gfallt's dir?"
Monika nickte: „So einen schönen Heiligen Abend habe ich bis jetzt noch nicht erlebt. Die Ferien werden bestimmt wunderschön."
„No, wir werden's schon schaffen", versprach das Moidele. Die Kinder lachten, die Schlittenglocken klingelten, und Herr Purkhamer ließ die Peitsche knallen; er beeilte sich, damit sie als erste auf dem Platz vor der Kirche ankamen.

Stille Nacht, heilige Nacht!

Stille Nacht, heilige Nacht!
Hirten erst kundgemacht
durch der Engel Halleluja,
tönt es laut von fern und nah:
Christ, der Retter ist da!
Christ, der Retter ist da!

Stille Nacht, heilige Nacht!
Gottes Sohn, oh, wie lacht
Lieb' aus deinem göttlichen Mund,
da uns schlägt die rettende Stund',
Christ, in deiner Geburt,
Christ in deiner Geburt!

O du fröhliche, o du selige

O du fröhliche, o du selige,
gnadenbringende Weihnachtszeit!
Christ ist erschienen,
uns zu versühnen,
freue, freue dich, o Christenheit!

O du fröhliche, o du selige,
gnadenbringende Weihnachtszeit!
Himmlische Heere
jauchzen dir Ehre,
freue, freue dich, o Christenheit!

Die lustige Weihnacht

Heute tanzen alle Sterne,
und der Mond ist blank geputzt.
Petrus in der Himmelsferne
hat sich seinen Bart gestutzt.

Überall erklingt Geläute,
fröhlich schmückt sich groß und klein,
und die Heiligen tragen heute
ihren Sonntags-Heiligenschein.

Es ertönen tausend Flöten,
tausend Kerzen geben Glanz.
Und die würdigen Kometen
wedeln lustig mit dem Schwanz.

Hinterm Zaun im Paradiese,
gar nicht weit vom Himmelstor,
musiziert auf einer Wiese
auch der Engelskinderchor.

Ihre roten Tröpfelnasen
putzen sich die Kleinen schnell,
und dann singen sie und blasen
auf Fanfaren, silberhell.

Jedes Jahr um diese Stunde
singen sie nach altem Brauch.
Alle Sterne in der Runde
lauschen – und die Menschen auch.

Manchmal aber, leise, leise,
wird der Chor der Engel stumm,

und im ganzen Sternenkreise
geht ein sanftes Flüstern um.

Dann erscheinen sieben Schimmel,
zärtlich ruft es: „Hüh und hott!"
Und gemächlich durch den Himmel
fährt daher der liebe Gott.

Da verstummen alle Lieder,
und die Engel machen fix
mit gefaltetem Gefieder
vor dem Herrgott einen Knicks.

Alle goldnen Sternenherden
drehn sich still dazu im Tanz.
Und im Himmel wie auf Erden
leuchtet Weihnachtskerzenglanz!

James Krüss

Susani

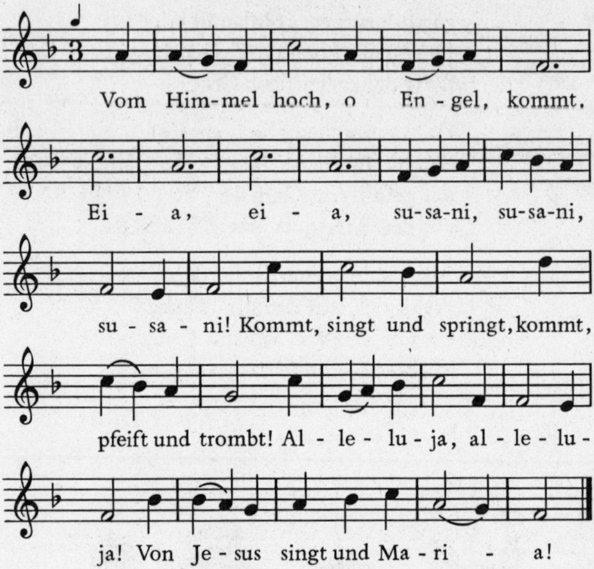

Kommt ohne Instrumente nit,
eia, eia, susani, susani, susani!
Bringt Lauten, Harfen, Geigen mit!
Alleluja, alleluja! Von Jesus singt und Maria!

Laßt hören euer Stimmen viel,
eia, eia, susani, susani, susani!
Mit Orgel- und mit Saitenspiel!

Das Saitenspiel muß lauten süß,
eia, eia, susani, susani, susani!
Davon das Kindlein schlafen muß.

Der Engel im Baum

Ob die Geschichte, die ich euch jetzt erzählen werde, ein Märchen ist oder ein Traum von einem kleinen Mädchen, das mit einem Gipsbein im Bett lag, darüber könnt ihr euch ja streiten, wenn ihr sie gehört habt. Übrigens ist das gar nicht so wichtig.

Silke, so hieß das kleine Mädchen, lag im Bett und hatte immer noch ein paar Wochen vor sich, die sie diesen ekligen Gips auf dem Bein behalten mußte. Sie war beim Skilaufen gestürzt und hatte sich das Knie verletzt. Alle sagten, sie könne froh sein, daß ihr Knie nicht steif bleibe. Aber Silke war gar nicht froh, denn ihr wurde die Zeit sehr, sehr lang. Sie las zwar viel, doch den ganzen Tag machte das auch keinen Spaß. Es kamen auch öfters mal Freunde, die saßen neben ihrem Bett, rutschten ungeduldig auf dem Stuhl hin und her und verschwanden sehr schnell wieder, denn es gab viel Schnee in diesem Winter, und da hatten sie draußen genug zu tun.

Zu Weihnachten wurde es für Silke ganz schlimm, weil sie mit den andern gar nicht richtig feiern konnte, obwohl alle zu ihr heraufgekommen waren und sie sogar einen kleinen Weihnachtsbaum in ihrem Zimmer stehen hatte. Ein Teller mit Äpfeln, Nüssen und Süßigkeiten und alle Geschenke waren neben ihrem Bett aufgebaut; aber darüber ärgerte sie sich nur, weil ein Paar sehr schöne Skischuhe dabei waren. Die hatten die Eltern vor ihrem Unfall gekauft, und die Mutter hatte gemeint, Silke sollte sie trotzdem bekommen, sozusagen als Hinweis, daß sie eines Tages auf ihren Skiern wieder den Berg hinuntersausen werde. Der Baum stand am Fußende des Bettes, er war klein und rund, sein kräftiger Fichtengeruch füllte das Zimmer. Einundzwanzig elektrische Kerzen darauf gaben einen prachtvollen Lichterglanz. Die Eltern hatten die Kerzen brennen lassen, als sie wieder hinuntergegangen waren, weil Silke so sehr darum gebettelt hatte. Eigentlich hätte sie gleich schlafen sollen.

Silke lag also da und sah auf den glänzenden Baum. An der Spitze war ein Engel befestigt. Seine Flügel waren mit Flitter besetzt, der im Kerzenlicht blitzte. Er hatte ein rosa Kleid an und hielt die Arme ausgebreitet, und als Silke jetzt näher hinsah, merkte sie, daß ihm eine Hand fehlte. Er hatte wohl schon sehr viele Weihnachten mitgemacht. Mutter hatte noch lachend erzählt, sie habe ihn aus dem Kasten genommen, in dem das alte Weihnachtszeug der Großeltern war. Glaskugeln waren keine mehr darin gewesen, die waren wohl alle zersprungen, aber der Engel, der war übriggeblieben.

Silke konnte nicht einschlafen. Sie lag ganz still, sah auf den Baum und verzog ab und zu das Gesicht, weil das Bein unter dem Gips juckte. Sie sah auf den Engel, ohne zu blinzeln, und plötzlich meinte sie, daß ihr der Engel zunickte und die eine Hand, die noch da war, bewegte, als wolle er ihr zuwinken. Da sagte sie laut:

„Das kann doch nicht stimmen. Du bist doch gar nicht lebendig."

„Das kommt auf dich an", gab der Engel zu bedenken.

„Wenn du lebendig bist", sagte Silke, „dann komm von der Baumspitze herunter und setz dich zu mir aufs Bett."

Und tatsächlich – sie hörte ein leises Schwirren, und der Engel saß auf ihrem Bett. Er kam ihr gar nicht mehr so winzig vor, und sein

Gesicht erschien ihr nicht mehr so puppenhaft, wie es ihr vorhin noch vorgekommen war.

„Nein", rief sie, „wie ist das denn möglich?"

„Die Menschen", sagte der Engel, „die am Weihnachtsabend ein wenig Zeit haben zum Stillsein, für die kann ich schon lebendig werden, denn schließlich habe ich ja allerhand zu erzählen."

„Was denn?" fragte Silke begierig.

„Laß mich dich zuerst etwas fragen. Was ist eigentlich Weihnachten für dich?"

„Ach", meinte Silke, „brennender Baum, und alle Leute sind sehr nett und schenken einander was, und manche gehen auch in die Kirche, und es gibt furchtbar viel Gutes zu essen."

„Na ja", sagte der Engel, „aber die Hauptsache! Was feiern wir denn zu Weihnachten?"

„Ach", dachte Silke, „nun wird er langweilig, nun fängt er an zu fragen wie Fräulein Neuhausen in der Schule." Aber weil sie Angst hatte, er könnte sie wieder allein lassen, sagte sie trotzdem: „Na ja, wir feiern, daß das Christkind kommt."

„Nicht doch", widersprach der Engel, „ihr feiert, daß vor beinahe zweitausend Jahren Gott auf die Welt gekommen ist, mit anderen

Menschen gelebt hat und als Mensch aufgewachsen ist. Was ganz Großes! Wäre denn sonst der Weihnachtsstern über der Welt aufgegangen?"

„Daran denkt man allerdings nicht immer an Weihnachten", überlegte Silke. „Aber wenn du es so sagst, natürlich ist das die Hauptsache."

Sie dachte nach und mußte ein bißchen lachen. „Ich kann mir so gar nicht vorstellen, wie das Christkind gewesen ist, als es dann größer wurde. Man sieht's doch in Gedanken immer nur in der Krippe, und dann ist es gleich ein großer Mann, der herumgeht und predigt, und am Karfreitag wird's dann furchtbar traurig. Aber zwischendurch – das Christkind muß ja aufgewachsen sein, wie ich zum Beispiel. Meinst du nicht", sagte sie zu dem Engel, „es muß sehr artig gewesen sein, und vielleicht sogar – bei Artigen kommt das ja vor – war's für die andern ein bißchen langweilig."

„Sag das nicht", meinte der Engel. „Es wird schon ein Kind gewesen sein mit den Kindern, aber wahrscheinlich hat es jeden Streit geschlichtet, der unter den Kindern ausgebrochen ist. Und wenn es ein Kind, das böse war, gerade anguckte, dann drehte das die Augen weg und schämte sich ein wenig."

„Erwartest du jetzt von mir, daß ich mich immer anständig benehmen werde?" fragte Silke argwöhnisch. „Weil du dich hier so einfach auf mein Bett gesetzt hast, weil du ein Engel bist, verlangst du bestimmt so ein Versprechen von mir; denn wahrscheinlich hast du ja deinen Auftrag von dem Christkind?"

„Das sowieso", gab der Engel zu. „Aber so ein unvernünftiges Versprechen verlange ich nicht von dir."

„Schade, daß ich heute nicht mit in die Christmette gehen kann", sagte Silke. „Alle sind schon fort. Vorhin haben die Glocken geläutet, ich hab' sie bis hierher gehört. Schade, ich hätte mir die Krippe ganz anders angesehen, nachdem du mich besucht hast."

Der Engel lachte leise. „Da hätten wir uns wohl kaum miteinander unterhalten. Du hättest vergnügt flüsternd unter den anderen gesessen und überhaupt keine Zeit für mich gehabt."

„Jetzt fehlt nur noch, daß du sagst: Freu dich, daß du ein Gipsbein hast!"

„Schade ist es nicht", sagte der Engel. „Immer-

hin hat es dich ein wenig bereitwilliger gemacht für die Weihnachtsbotschaft."
Weil es Silke jetzt doch zu feierlich wurde, redete sie von etwas anderem: „Was ist denn mit deiner Hand passiert? Es tut mir sehr leid, daß sie kaputt ist."
„Ach die", sagte der Engel, „ich weiß gar nicht mehr, wann ich die verloren habe. Schließlich habe ich schon von soviel Weihnachtsbäumen heruntergewinkt. Es waren nur wenige, die gemerkt haben, was ich mit diesem Winken meinte, und die wenigen merken's auch, wenn ich mit einer Hand winke. Solltest du jetzt nicht lieber schlafen?"
„Nein, bleib noch hier sitzen", bat Silke. „Wie viele Weihnachten hast du schon erlebt?"
„Sehr, sehr viele", sagte der Engel. „Das allererste, als ich noch ganz neu war – damals war deine Ururgroßmutter noch ein kleines Mädchen. Ja, damals waren die Kinder noch nicht so verwöhnt wie heute. Ich weiß noch, wie stolz sie war, weil sie Weihnachten drei Paar handgestrickte Strümpfe bekam aus schwarzer Wolle, die entsetzlich kratzten."
„Aber da kann sie sich doch unmöglich gefreut haben", meinte Silke ungläubig und schielte

einen Augenblick zu ihrem Gabentisch, auf dem ein Paar weiche hochrote Strumpfhosen lagen.
„Sie kannte eben nichts anderes als die kratzige Wolle. Das Schöne an dem Ganzen war doch, daß sie sich die Strümpfe nicht selber stricken mußte. Im Jahr vorher hatte sie nämlich nur einen großen Knäuel Wolle bekommen, und da hatte sie so lange daran herumgebastelt, und es war nichts Richtiges draus geworden. Deshalb hatte ihre Großmutter gedacht, so wäre es wohl am besten. Die Ururgroßmutter hat dir sogar ähnlich gesehen. Sie war braun im Gesicht wie eine Haselnuß, weil sie so viel im Freien war."
„Ich weiß", sagte Silke, „die hatten einen Bauernhof. Hatten sie damals auch schon immer einen Weihnachtsbaum?"
„Ja", sagte der Engel, „aber nicht mit Lichtern. Nur einen Baum, den sie aus dem Wald geholt hatten, und davor stand eine Krippe. Die Figuren hatten die Kinder selbst bemalt. Der Baum, der hatte eben als einzigen Schmuck mich. Ich glaube", der Engel sah verlegen aus, „die Kinder haben mich damals für lebendig gehalten."

„Das tu ich doch jetzt auch“, sagte Silke.

„Das“, der Engel lachte, „kommt von deinem Gipsbein, weil du hier so ganz ruhig liegen mußt. Da bist du auch für das Weihnachtswunder bereit. Aber jetzt sieh zu, daß du schläfst.“ Er flatterte wieder auf die Baumspitze zurück und nickte von dort aus noch einmal der kleinen Silke zu. Sie machte sich lange ihre Gedanken, und zuletzt sang sie ganz leise ein Weihnachtslied vor sich hin. Dann schlief sie ein.

Wenn ihr es nicht anders haben wollt, dann hatte sie vielleicht die ganze Zeit geschlafen und alles nur geträumt. Auf jeden Fall hatte sie am andern Morgen nichts davon vergessen und nickte dem Engel, dem die eine Hand fehlte und dem schon mancher Glimmer von den Flügeln abgeblättert war, einen freundlichen guten Morgen zu und dachte dabei, daß Weihnachten doch ein Fest voller Wunder sei.

Auf dem Ber - ge, da we - het der
Wind, da wiegt die Ma - ri - a ihr
Kind, sie wiegt es mit ih - rer schnee -
wei - ßen Hand, sie hat da - zu kein
Wie - gen - band. „Ach Jo - sef, lie - ber
Jo - sef mein, ach, hilf mir doch wie - gen mein
Kin - de - lein.“ „Wie soll ich dir denn dein
Kind - lein wieg'n? Ich kann ja kaum sel - ber die
Fin - ger bieg'n.“ Schum, schei, schum, schei.

C+M+B

Guten Abend in diesem Haus!

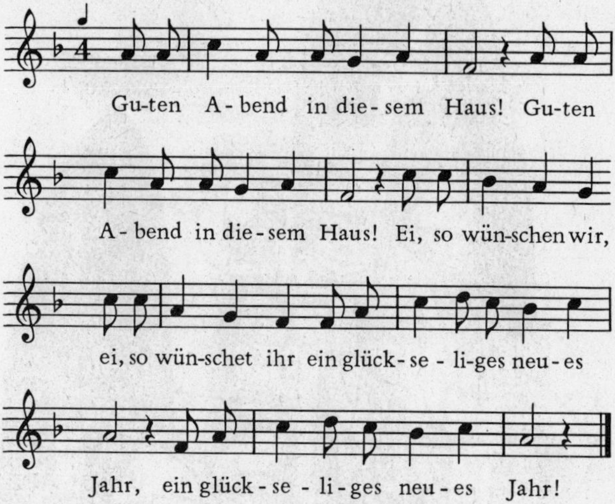

(V.) Und ihr Väter in diesem Haus!
(Väter) Und wir Väter in diesem Haus!
(V.) Ei, so wünschen wir . . .

(V.) Und ihr Mütter in diesem Haus!
(Mütter) Und wir Mütter in diesem Haus!
(V.) Ei, so wünschen wir . . .

Die heil'gen drei Kön'ge aus Morgenland

Die heil'gen drei Kön'ge aus Morgenland,
sie frugen in jedem Städtchen:
„Wo geht der Weg nach Bethlehem,
ihr lieben Buben und Mädchen?"

Die Jungen und Alten, sie wußten es nicht,
die Könige zogen weiter,
sie folgten einem goldenen Stern,
der leuchtete lieblich und heiter.

Der Stern bleibt stehn über Josephs Haus,
da sind sie hineingegangen;
das Öchslein brüllte, das Kindlein schrie,
die heil'gen drei Könige sangen.

Heinrich Heine

Das Weihnachtsbäumlein

Es war einmal ein Tännelein,
mit braunen Kuchenherzlein
und Glitzergold und Äpflein fein
und vielen bunten Kerzlein:
Das war am Weihnachtsfest so grün,
als fing es eben an zu blühn.

Doch nach nicht gar zu langer Zeit,
da stand's im Garten unten,
und seine ganze Herrlichkeit
war, ach, dahingeschwunden.
Die grünen Nadeln war'n verdorrt,
die Herzlein und die Kerzlein fort.

Bis eines Tags der Gärtner kam,
den fror zu Haus im Dunkeln,
und es in seinen Ofen nahm –
hei! tat's da sprühn und funkeln!
Und flammte jubelnd himmelwärts
in hundert Flämmlein an Gottes Herz.

Christian Morgenstern

Sterndreherlied

Die heil'gen drei König' mit ihrigem Stern,
sie bringen dem Kindlein das Opfer so gern.
Sie reisen in schneller Eil',
in dreizehn Tag' vierhundert Meil'.

Die heil'gen drei König' mit ihrigem Stern
knien nieder und ehren das Kindlein, den Herrn.
Ein selige, fröhliche Zeit
verleih uns Gott im Himmelreich!

Quellenverzeichnis

Der Arena-Verlag Georg Popp dankt für die Abdruckerlaubnis folgender Gedichte:

Elisabeth Borchers, Dezember (8) –
entnommen dem Buch „Und oben schwimmt die Sonne davon“ von Elisabeth Borchers.
© Verlag Heinrich Ellermann

James Krüss, Tannengeflüster (7), Die lustige Weihnacht (78) – entnommen dem Buch „Der wohltemperierte Leierkasten“ von James Krüss.
© James Krüss

Christian Morgenstern, Das Weihnachtsbäumlein (95) –
entnommen dem Buch „Liebe Sonne, liebe Erde“
von Christian Morgenstern.
© Verlag Gerhard Stalling

Anna Ritter, Vom Christkind (23) –
entnommen dem Buch „Krippe, Stern und Kerzen“
(herausgegeben von Dorothea Hillerich).
© Kemper Verlag

Albert Sergel, Holler, boller, Rumpelsack (12),
Vor Weihnachten (14) –
entnommen dem Buch „Krippe, Stern und Kerzen“
(herausgegeben von Dorothea Hillerich).
© Kemper Verlag

...zum Anfreunden

Eva Marder
Sandro, der Landstreicher
erzählt von seinen Abenteuern und seinen sehr ungewöhnlichen Bekannten.
Arena-Taschengeldbücher – Band 1393 / Ab 6

Jewgeni I. Tscharuschin
Petja und seine Freunde
die das „Stadtkind“ in Dorf und Wald findet.
Arena-Taschengeldbücher – Band 1397 / Ab 5

Arena